- الآن، اقرأوا مستقلّين، كلّ في كتابه،، بصوت منخفض.

بعد القراءة:

- أين تعيش هذه الضفدعة؟ وهذه الحشرات؟

- ما هي الحشرات الّتي تلتهمها الضفدعة في هذا الكتاب؟

- مَن التهم الضفدعة في النهاية؟

- ما هي الكلمات الّتي تعبّر عن الأصوات وتعلّمنا قرائتها في هذا الكتاب؟ هل تعرفون المزيد من الكلمات الّتي تعبر عن الأصوات؟

- هيّا نرجع إلى الملخّص ص ١٤ و١٥، ثمّ نروي معًا ما حدث بالترتيب ونشير إلى الصور.

اقتراحات النشاط:

- هيّا نجلس في مجموعات (٤/٣). جهّزوا ورقة بيضاء وأقلام الرسم والتلوين.

- ارسموا في أعلى الصفحة طائرًا يطير في الهواء، وفي أسفل الصفحة حشرة تجري على الأرض. ماذا تقول الأولى للثانية؟

- هيّا نكتب "هم! هم!"

المستوى ٥
Level 5

Collins BIG CAT

هَمْ! هَمْ!

هَمْ! هَمْ!
قَـوْقَـع!

ISBN 978-0-00-813176-0

مؤسّسة الفكر العربي
عربي 21
معايير تصنيف عربي21 وهنادا طه
ب

collins.co.uk/bigcatarabic

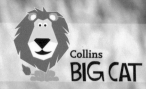

Collins BIG CAT

مِنْ فَرْخٍ إلى دَجاجَةٍ

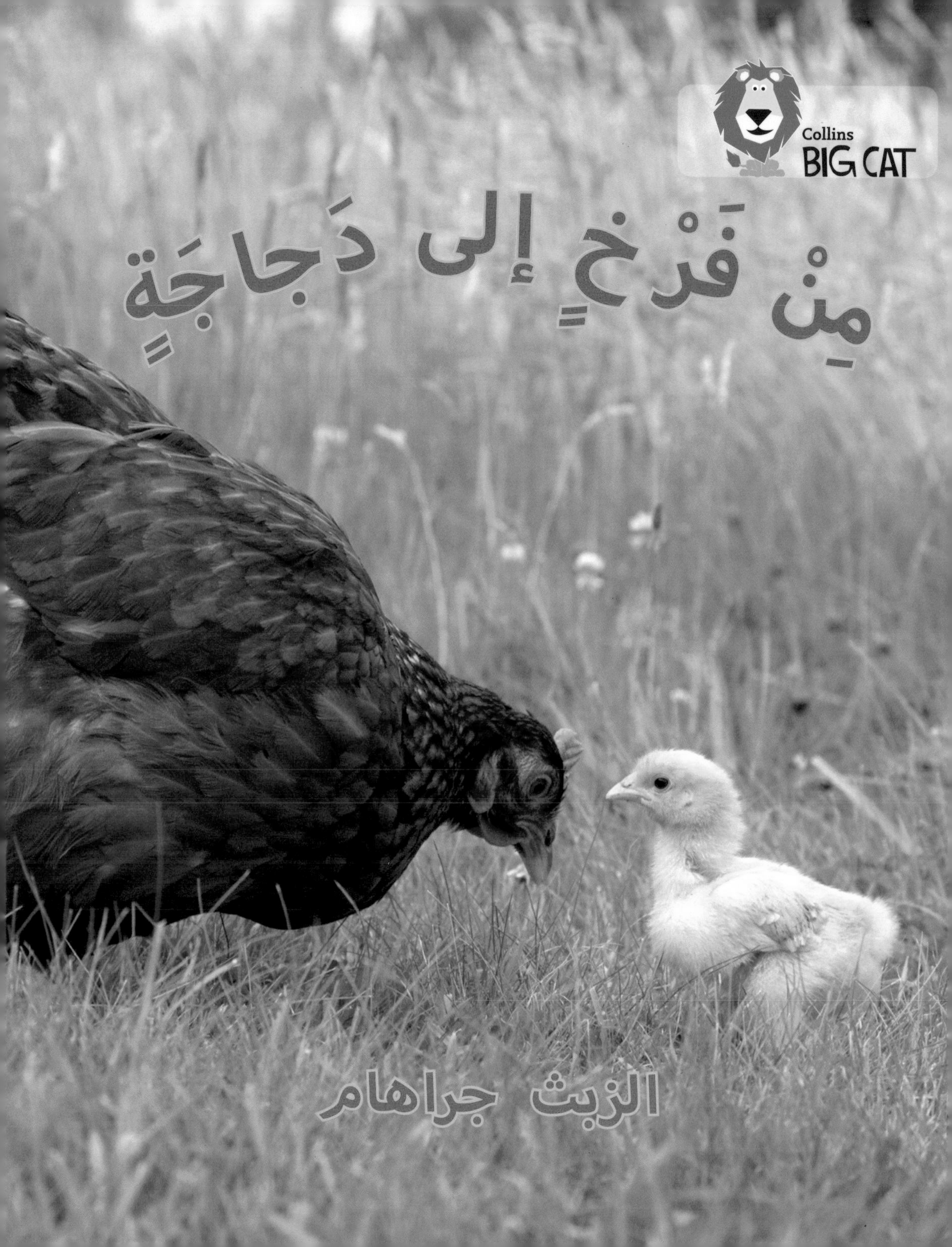

الزبث جراهام

Published by Collins
An imprint of HarperCollinsPublishers
The News Building
1 London Bridge Street
London
SE1 9GF

Browse the complete Collins catalogue at
www.collins.co.uk

Original text © HarperCollinsPublishers Limited 2011
Author: Elspeth Graham

Arabic text adapted from the original by:
Series editor: Pauline Owayjan PhD
Managing editor: Mahmoud Gaafar
Translators: Saussan Khalil, MA, MCIL
Subhi Zora, PhD
Basel Abbas, MA, DipTrans
Ali Khalil, MBChB, PhD

Arabic edition © HarperCollinsPublishers Limited 2016

10 9 8 7 6 5 4 3 2 1

ISBN 978-0-00-818562-6

British Library Cataloguing in Publication Data
A Catalogue record for this publication is available from the British Library.

UK edition design concept: Niki Merrett, www.whitehorndesign.co.nz
Picture researcher: Frances Vargo

Arabic edition, design and editorial management: g-and-w PUBLISHING (www.g-and-w.co.uk)

Acknowledgements
Cover: NHPA/David Chapman; p1: Alamy/David Hosking; p2: Alamy/Mark Sykes; p3: FLPA/Minden Pictures/Heidi & Hans-Juergen Koch; p4: NHPA/George Bernard; p5: Alamy/WILDLIFE GmbH; p6: Alamy/Edward Walsh; p7: Alamy/Tierfotoagentur; p8: Dreamstime.com/Mykola Velychko; p9: Dreamstime.com/Krugloff; p10: Alamy/Nathan Luke; p11: Alamy/David Hosking; p12: Alamy/First Light; p13: photolibrary.com/Flirt Collection/Julie Habel; back cover: Dreamstime.com/Melinda Nagy

Printed and bound by Printing Express, Hong Kong

مِنْ فَرْخٍ إِلى دَجاجَةٍ

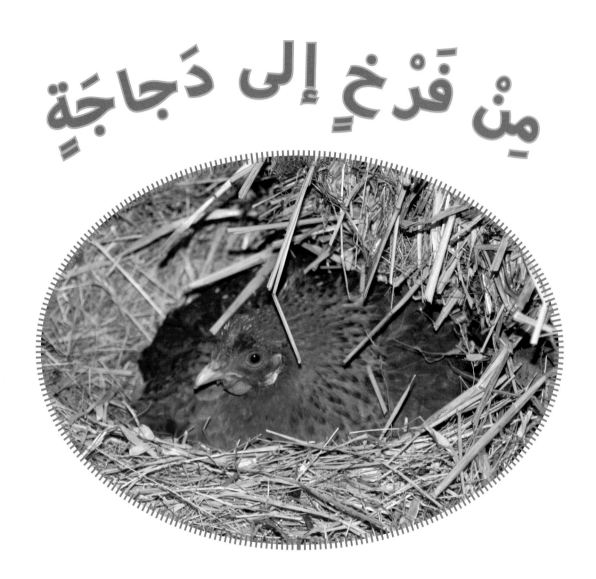

بِقَلَم: الزبث جراهام

Collins

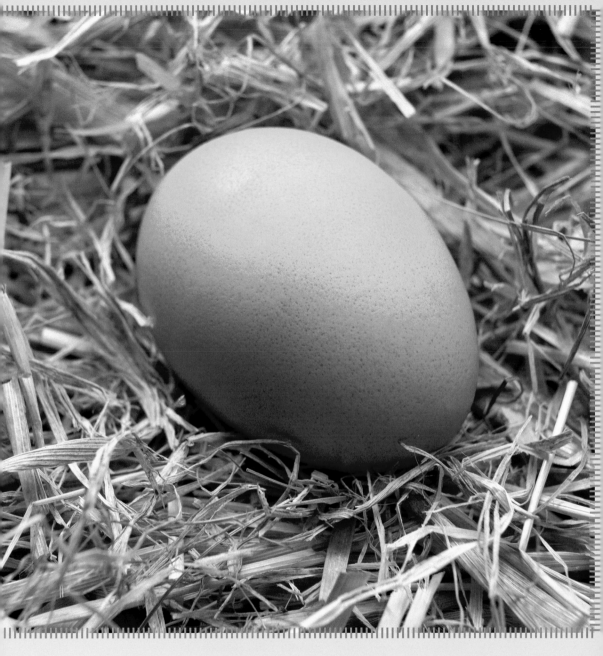

هَذِهِ بَيْضَة.

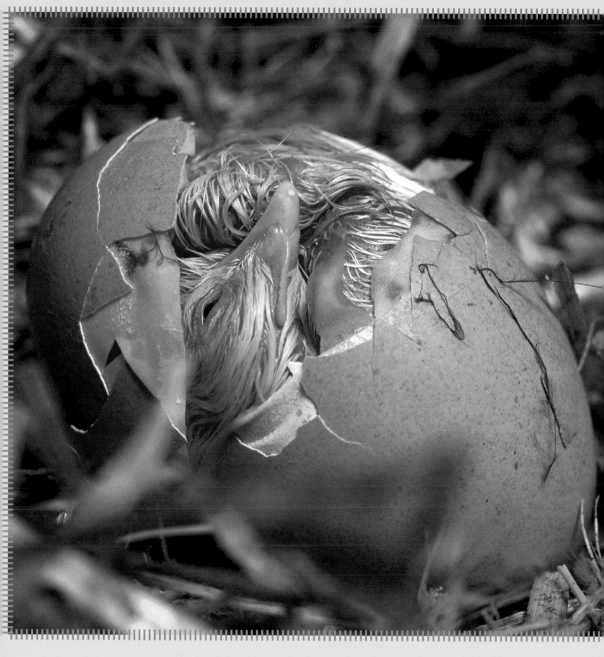

تَك! تَك! القِشْرَةُ مَكْسورَة.

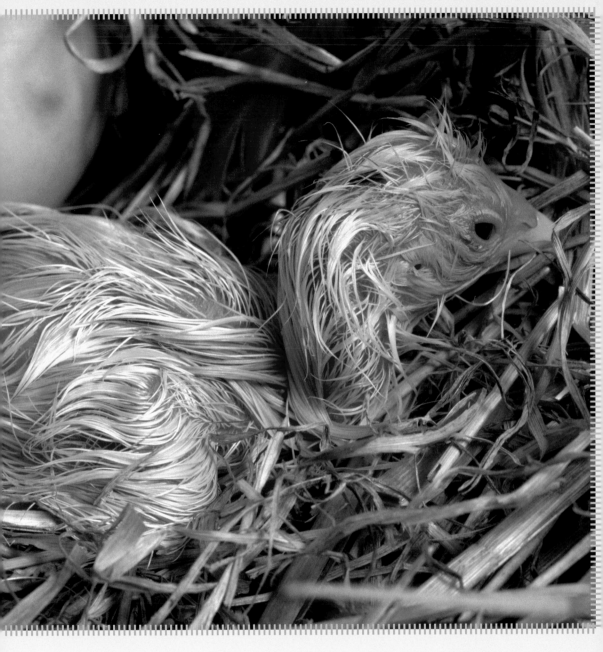

هَذا فَرْخ.

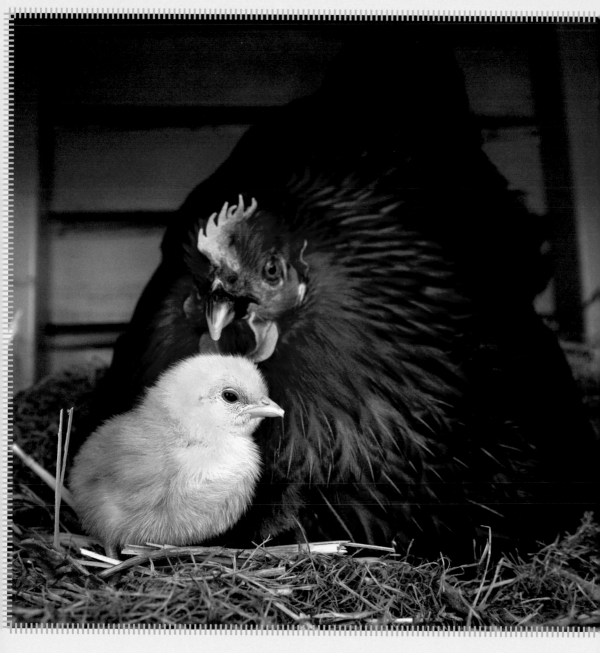

يَكْبُرُ الفَرْخُ، ويُصْبِحُ دَجاجَةً.

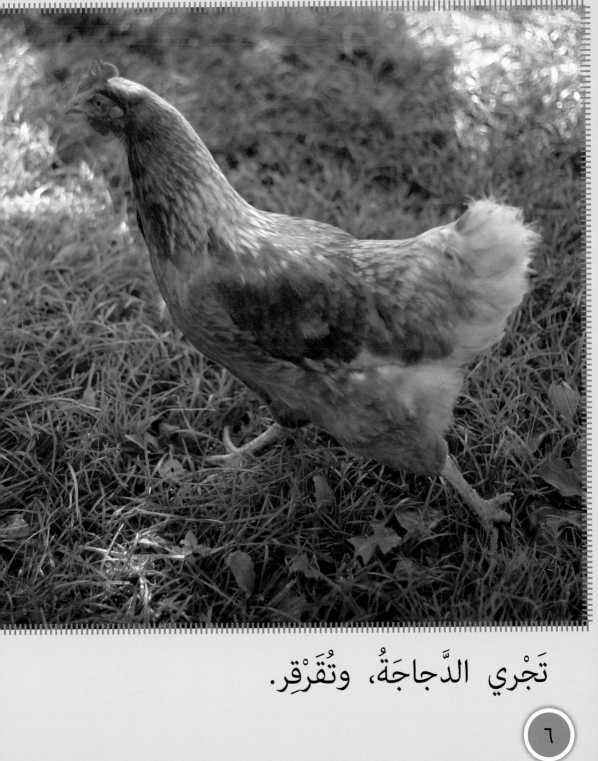

تَجْري الدَّجاجَةُ، وتُقَرْقِر.

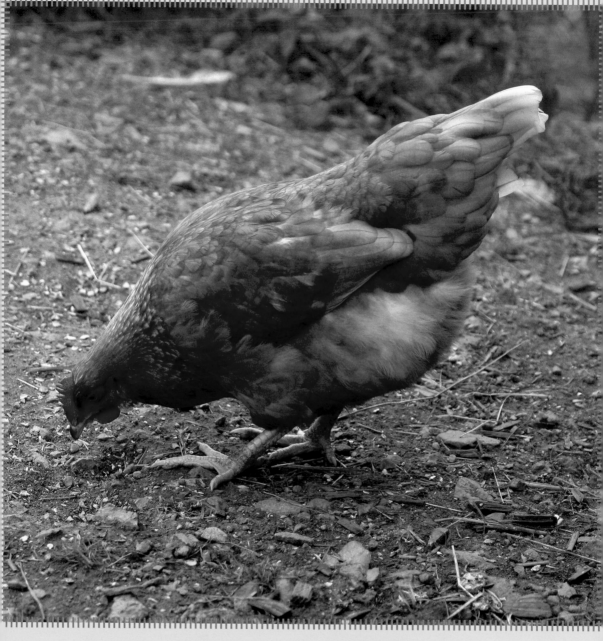

تَلْقُطُ الدَّجاجَةُ طَعامَها مِنَ الأَرْض.

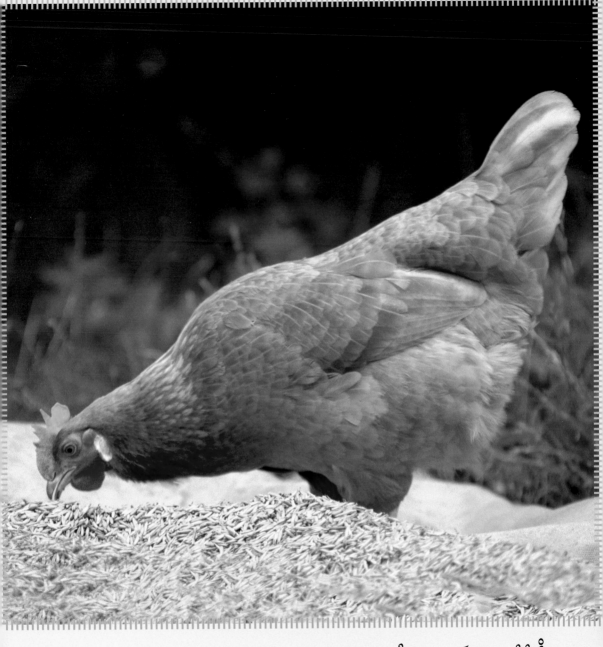

تَأْكُلُ الدَّجاجَةُ الحُبوب.

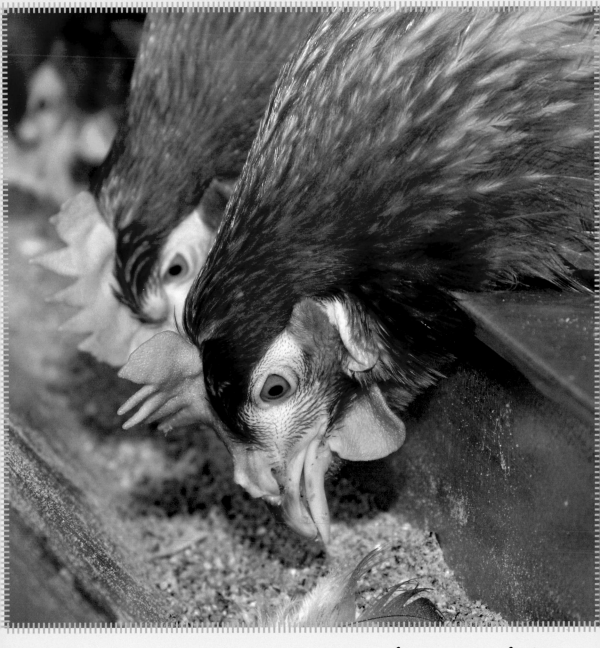

تَلْقُطُ الدَّجاجَةُ الحُبوب.

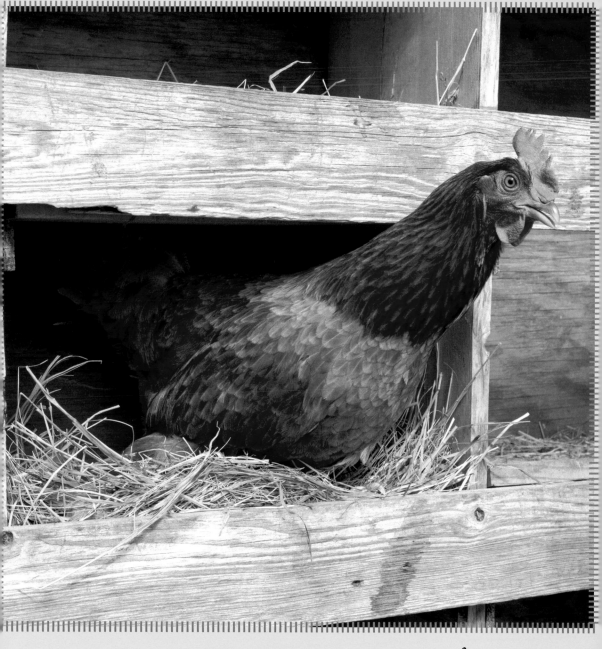

الدَّجاجَةُ لَها عُشّ.

١٠

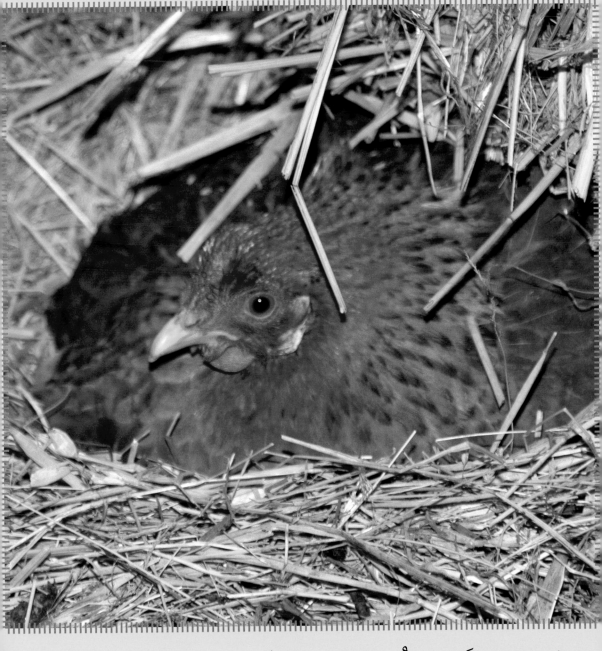

تَنامُ الدَّجاجَةُ في العُشّ.

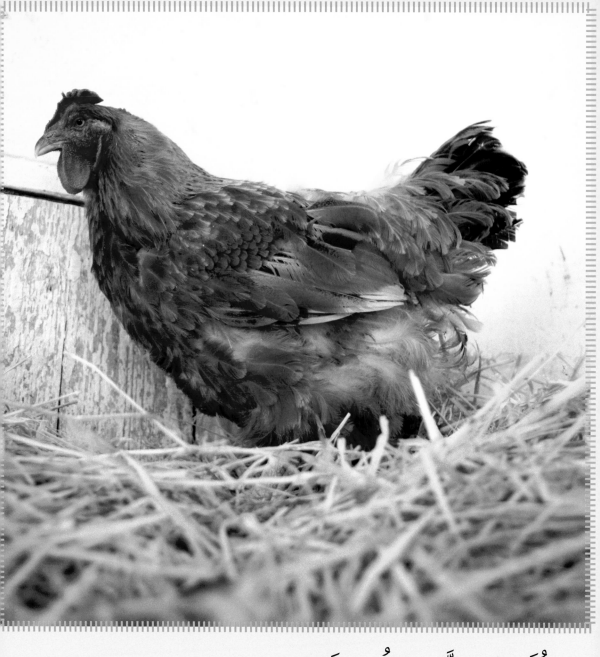

تُقَرْقِرُ الدَّجاجَةُ، وتَقِف.

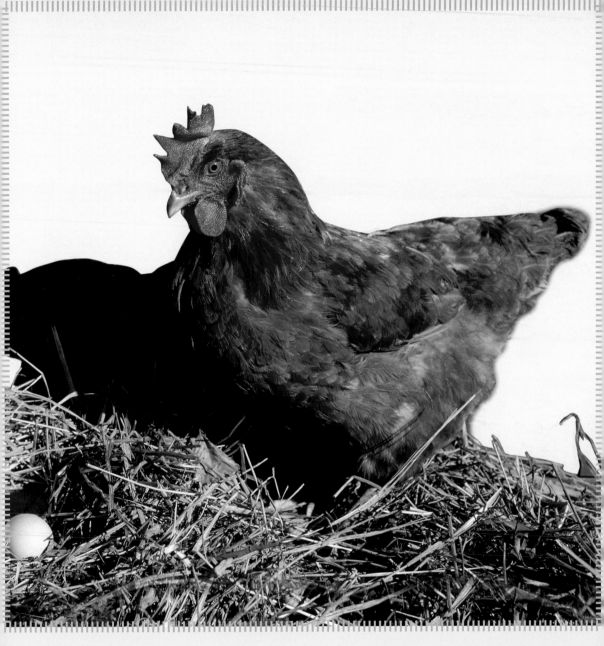

تَبيضُ الدَّجاجَة.

مِنْ فَرْخٍ إلى دَجاجَةٍ

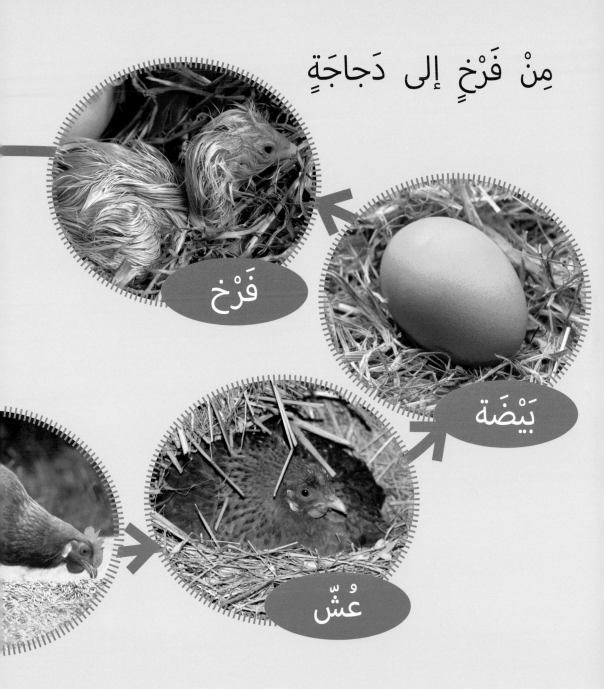

فَرْخ

بَيْضَة

عُشّ

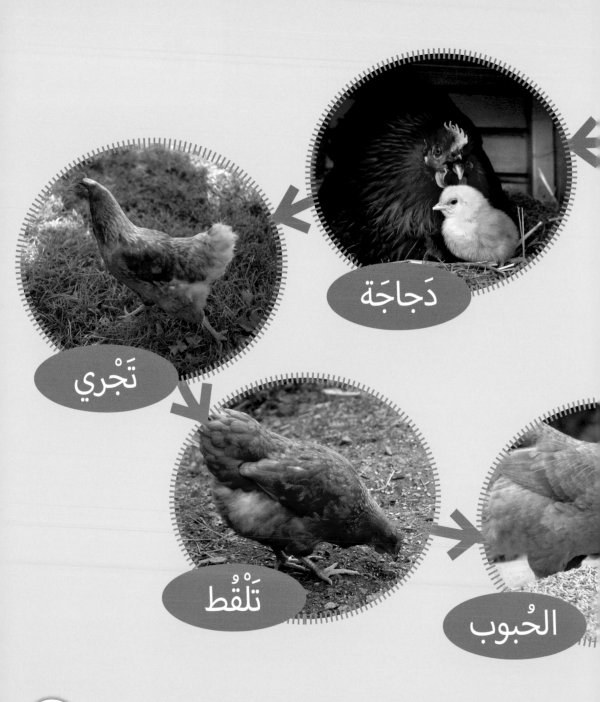

دَجَاجَة

تَجْري

تَلْقُط

الحُبوب

أفكار واقتراحات

الأهداف:

- اكتساب مهارات القراءة بسلاسة.
- متابعة معلومات تعبّر عن حقائق عامّة.
- التعرّف على حرف "يـ" في أوّل الفعل كضمير للمذكّر.
- التعرّف على حرف "تـ" في أوّل الفعل كضمير للمؤنَّث.
- التعرّف على مفهوم دورة الحياة.

روابط مع الموادّ التعليميّة ذات الصلة:

- مبادئ العلوم.

- التعرّف على دورة حياة الدواجن.

مفردات شائعة في العربيّة: مِن، إلى، في، هذه، هذا

مفردات جديرة بالانتباه: يكبر، يصبح، تجري، تلقط

عدد الكلمات: ٣٨

الأدوات: لوح أبيض، ورق، أقلام رسم وتلوين، انترنت

قبل القراءة:

- هيّا نقرأ العنوان معًا.
- ماذا ترون على الغلاف؟ كيف سيتغيّر شكل الفرخ حين يكبر ويصبح دجاجة؟
- هل الدجاجة طائر ماهر في الطيران؟ كيف تعوّض عدم قدرتها على الطيران؟
- هيّا نجلس في مجموعات ونقرأ الكتاب معًا.

أثناء القراءة:

- أوّلاً، سنقرأ الكتاب معًا ونشير إلى الكلمات.
- في ص٢، البيضة شكلها بيضاويّ. مَن منكم يعرف كلمة أخرى تعبّر عن شكل؟